해상왕 장보고

동화로 만나는 우리 역사

해상왕 장보고

글·우봉규 | 그림·이관수

알라딘북스
영림카디널

해상왕 장보고

ⓒ 2006 우봉규

초판 1쇄 펴낸날 | 2006년 7월 15일
초판 9쇄 펴낸날 | 2014년 8월 22일

지은이 | 우봉규
그린이 | 이관수
펴낸이 | 양승윤

펴낸곳 | (주)영림카디널
출판등록 | 1987년 12월 8일 제 16-117호
주소 | 서울특별시 강남구 강남대로 354 혜천빌딩 (우)135-792
전화 | 02-555-3200
팩스 | 02-552-0436
홈페이지 | www.ylc21.co.kr

Jang Bo-go - The King of the Sea
by Wu Bong-gyu

Copyright ⓒ 2006 by Wu Bong-gyu
Illustrations by Lee Gwan-su
Printed in KOAEA

값 9,000원
ISBN 978-89-8401-628-6 73810

「이 도서의 국립중앙도서관 출판사도서목록(CIP)은
e-CIP 홈페이지(http//www.nl.go.kr/cip.php)에서
이용하실 수 있습니다. (CIP제어번호: CIP2006001444)」

사진 촬영 및 자료 협조처
전쟁기념관 · 완도군청 · 열린서당 · 김남석 · 국립경주박물관 · 장보고기념사업회

1,200 years ago, Jang Bo-go commanded the marine kingdom as the leader of his invincible navel fleet

Raised in a sea village, Jang Bo-go moves to Tang China with his friend as a young man, and becomes a general. However, he witnesses the wretched lives of the Shilla people, who were forcibly brought to Tang Kingdom by slave merchants. Realizing the laments of the people belonging to a weak kingdom, he leaves the army and starts a new life as a merchant. After attaining great wealth through marine trade, Jang returns to Shilla Kingdom, and adamantly urges the king to set up a marine base at Cheonghae, now known as Wando Island. So the Cheonghaejin Marine Base was set up, and it was used to guard the seas, prevent Tang people from plundering the Shilla people, and to govern all trade taking place at the sea. Jang Bo-go built a castle, trained soldiers, and repaired weapons. He also built fast ships, developed navigation skills, and created maps of important sea routes. Thanks to such efforts and preparation, no one dared to invade Shilla's waters, and merchant ships traveling to and from Tang Kingdom and Japan could enjoy safe trade under the protection of Jang's fleet.

Equipped with great military strength, Cheonghaejin was no longer a navel base for Shilla Kingdom only, but became a major point of trade in East Asia. Merchants from far away as Arabia came, and the name Jang Bo-go spread not only in East Asia but to West Asia as well. This was the period when marine activity was at its height in the history of Korea.

머리말

　조선 시대 역사학자 안정복은 《동사강목》에서 "도적(염장)이 장보고 장군을 죽였다"며 원통해했다. 장보고 사후 해상권은 중국과 일본에 완전히 넘어갔다. 이렇게 해서 장보고가 이룩했던 광대한 해상 왕국은 우리의 역사 무대에서 사라지게 된 것이다.

　염장은 장보고 대신 청해진 대사의 자리를 차지했지만 당나라에 있는 신라인들이 암살자에게 협력할 리 만무했다. 일본 역시 염장을 신뢰하지 않았다. 청해진 세력은 일본으로, 당나라로 뿔뿔이 흩어졌다. 그로부터 10년 뒤, 청해진은 그 마지막 운명을 다했다. 청해진을 삶의 근거지로 삼았던 백성들은 김해 일원으로 강제 이주당했다.

장보고에 대한 최초의 평가는 당나라 시인 두목(杜牧)에 의해 이루어졌다. 그가 쓴 《번천문집》은 장보고가 살던 당시에 기록된 것으로, 장보고에 대한 가장 사실에 근접한 평가로 간주할 수 있다. 두목은 장보고를 '안록산의 난' 때 활약한 곽분양 장군에 비유했다. 아울러 그는 장보고가 명철한 지혜를 가진 사람으로서 동방의 나라에서 가장 성공한 사람이라 평가하고 있는데, 이것은 신라인 장보고가 당시 중국 내에 널리 알려져 있고 존경받는 인물이었음을 나타내는 것이다. 고려 시대 《삼국사기》를 저술한 김부식이 "비록 을지문덕이 지략이 있고, 장보고가 의리와 용맹이 있다 하더라도 중국의 사서가 아니면 그 자취가 없어져 위대함이 알려지지 못할 뻔했다"라고 덧붙이고 있음을 볼 때, 장보고에 대한

평가는 중국에서 더 높았음을 볼 수 있다. 오로지 왕조에 대한 충성의 논리가 강조되던 조선 시대에는 장보고가 정당한 평가를 받기가 어려웠다.

그러나 세계사의 주역은 다름 아닌 오대양을 주름 잡을 수 있는 역량을 가진 해양 강국들이었다. 불행하게도 일본에 우리가 나라를 빼앗긴 것도, 결국 바다를 잃었기 때문이라고 생각한 우리 선각자들에게 장보고는 그야말로 희망이었다. 그들은 한결같이 장보고가 가지고 있던 우리 민족의 해양 기질을 되찾아야만 세계의 주역이 될 수 있음을 역설했다.

우리나라에서 장보고의 업적에 관해 최초로 연구 논문을 쓴 김상기 교수는, "장보고야말로 우리나라 역사상 바다를 다스리는 자가 세계사를 지배한다는 원리를 몸소 실천한, 문자 그대로 '해상 왕국의 건설자' 이다"라고 주장했다.

그리고 '해양 상업 제국의 무역왕', 이는 주일 미국 대사를 지낸 바 있는 미

국 하버드대학의 라이샤워 교수가 장보고를 평가한 말이다. 이후 국내에서는 장보고에 대한 재조명 작업이 일부 학자들에 의해 지속적으로 전개되고 있다. 장보고는 중국과 한국 및 일본의 바다를 신라인들의 일터로 가꾸고, 나아가서 중국 산둥(山東) 반도 일대와 한반도 남부 지방을 마치 자치 지역처럼 독자적으로 제어했다. 장보고의 해상 활동은 이순신 장군보다 700여 년이나 앞섰다. 지금으로 보면 최초로 동양 세계의 해상권을 지배한 막강한 해군력을 과시했고, 최근 세계적으로 눈부시게 뻗어나는 우리나라의 해운 산업과 국제 무역의 선구자라고 할 수 있다.

2006년 어린이달 앞에서

우 봉 규

차 례

머리말   6

궁복과 정년   13

당나라로 가다   37

적산 법화원을 열다   47

해상왕이 되다   59

서라벌의 왕위 싸움   73

장보고의 딸   83

서라벌을 정벌하다   95

해상왕 죽다   117

궁복과 정년

당항성 ▶
삼국 시대의 석축 산성으로 신라가 황해를 통해 중국과 교통했던 중요한 출입구 역할을 했던 곳이다.
현재 동문·남문·북문의 터와 우물터 건물 터의 초석이 남아 있다.
경기도 화성시 서신면 상안리 구봉산 위에 있다.

　신라와 당나라의 연합군에 의해 고구려가 서기 668년 망하게 되고, 그 후 약 10년간에 걸쳐 백제와 신라 사람들은 줄기차게 당나라 군대를 몰아내는 데 힘썼다. 드디어 이 일이 성공해 서기 676년에 신라는 삼국을 통일하게 되었다.

　그 뒤 통일 신라 후기에 와서는 두 나라 간에 공식적인 교역만으로는 늘어나는 양쪽 국민의 수요를 충족하지 못하게 되었다. 신라 말기에 이르러서는 정치적 혼란으로 중앙 정부의 통제가 느슨해지자 자연히 개인 활동이 자유로워지고, 상류층에는 사치스러운 생활 형태가 나타났다. 신라의 귀족들은 문물이 앞선 당나라로부터 여러 가지 호사스런 물품을 구입하게 되었다. 정부가 아닌 개인과

개인의 민간 무역이 점점 발달하게 된 것이다. 그러자 선덕여왕은 당나라로부터의 민간 무역 금지령을 내렸다. 그러나 우리나라의 금수강산은 3면이 바다로 둘러싸여 있기 때문에 해상 교통의 발전 없이는 국제 간 무역이 어려울 수밖에 없었다. 통일 신라 시대 이전인 발해 시대에 이미 지금의 만주 땅 연해주에서 거친 동해를 건너 머나먼 일본까지 해상 교류가 있었고, 서쪽으로 황해를 건너는 당나라와의 해상 교통은 그 훨씬 이전인 삼국(고구려, 백제) 시대부

엔닌의 초상
엔닌은 일본 헤이안 시대의 승려로 당나라로 건너가 밀교를 받아들였다. 장보고가 세운 적산 법화원의 도움으로 846년 일본으로 돌아갈 수 있었으며, 귀국 후 자각 대사라는 시호를 받고 일본 최초의 대사(大師)에 올랐다. 지은 책으로 《입당 구법 순례 행기》가 있다.

등주 산성
발해 및 신라와 무역을 하던 국제적인 무역항이었다. 중국의 산둥 반도와 랴오둥 반도를 연결시키는 라오톄산 수로의 출발지. 5천여 년 전부터 해운업을 했던 흔적으로 주변 지역에서 선박에 관계되는 유적들이 발견되었다.

터 이루어졌다.

   삼국 시대에 백제와 신라가 황해를 통해 중국과 교류했다는 것은 더 설명할 것도 없고, 통일 신라 시대에 이르러서도 공적인 교통은 주로 해로를 통해 이루어졌다. 또 한반도는 동남으로 대한 해협과 동해를 통해 일본과 마주하고 있어, 동아 국제 해상 교통은 먼 옛날부터 이미 한반도를 중심으로 이루어지고 있었다. 다시 말하면, 아무리 정부에서 그 교역을 막아도 자연 발생적으로 무역이 성행하고 있었던 것이다.

  신라 시대에 이미 당나라로 파견되는 일본의 유학생들과, 당나라로부터 돌아오는 자들이 자주 신라인들의 보호 아래 본국까지 안전하게 갈 수 있었다. 또한 당나라 사절이 신라를 통해 일본에 갈 수 있었다.

  당시 우리나라가 동북아시아 해상 교통의 중심지였기 때문이다. 그리고 그때 한반도를 중심으로 한 3면의 바다가 신라 사람들에게는 자기 집 안마당처럼 이용되었다. 그 무렵 신라 사람들은 국가의

공식 사절 단원으로, 학문 연구, 민간 교역 및 기타 생활 방편으로 황해를 건너 중국 땅에 흩어져 살았던 것이다.

불교 연구차 838년에 당나라에 들어갔던 일본의 고승 엔닌(円仁)은 산동 반도에 상륙해 내륙으로 들어가다가 운하를 통해 목탄과 양곡을 운송하는 소형 선박을 보았는데, 그들 선원들은 당나라 사람들이 아니라 신라 사람들이었다고 일기에 기록하고 있다.

이처럼 통일 신라 후기에는 동북아 바다나 황해 건너 대륙에 수많은 신라인들이 흩어져 살고 있었다. 그래서 신라 선박을 대상으로 재물을 약탈하고, 사람들을 납치하여 당나라에 팔아먹는 해적도 나타나게 되었다.

그래서 당나라에서는 해적들이 신라인을 약탈하지 못하도록 훈령을 여러 차례 내렸지만 별다른 효과를 거두지 못했고, 해적들에게 잡혀 온 많은 신라인들이 당나라에서 팔려 노예로 살아가는 경우가 생기게 되었던 것이다.

청해, 지금의 완도 근처에 사는 궁복과 정년은 어느 날 고달픈 뱃일을 마치고 조그만 포구 언덕에서 쉬고 있었다. 그런데 어디선가 희미한 비명 소리가 들렸다.

"사람 살려요!"

장보고가 해상왕 시절에 타고 다니던 무역선의 모형으로 전쟁 기념관에 전시되어 있다.

"아, 앗!"

궁복과 정년이 뛰어갔다.

멀리 해안 마을 사람들이 칼을 든 당나라 해적에게 붙잡혀 강제로 배에 태워지고 있었다. 원래 몸이 날쌨던 두 사람은 소리를 지르며 뛰어갔지만 배는 이미 바다 저편으로 점점 멀어지고 있었다.

"살려 주세요!"

"우린 지금 해적에게 잡혀가고 있어요!"

배에는 놀랍게도 아이들까지 있었다.

조금 지나자 배는 점점 한 점이 되어 가고, 마을 노인들이 울면서 달려왔다.

"아이구, 우리 아들!"

노인들은 털썩 그 자리에 주저앉았다.

궁복과 정년은 할 말이 없었다.

"도대체 어떻게 된 일입니까?"

궁복이 조심스럽게 물었다.

"이제 마을엔 우리 같은 늙은이들만 남았다우. 저놈들이 모두

장도에서 바라본 청해진과 완도의 전경
장보고는 완도 앞바다의 장도에 성을 쌓고 청해진을 설치해 동남아 일대 바다의 해상권을 장악했다.

잡아갔어. 우리 불쌍한 애들……. 이제 우리는 어떻게 사나!"

노인들은 목 놓아 통곡했다.

"그럼 관에서는 무얼 한답니까?"

"관은 있으나마나지. 관원들은 오히려 해적들을 피해. 숫자도 적고, 배도 해적들 배가 관 배보다 몇 배나 빨라."

그 말을 들으면서 궁복과 정년의 눈에는 자신들도 모르게 눈물이 흘러내렸다. 당장이라도 해적들의 배를 따라가 사람들을 구하

고 싶었지만 어쩔 도리가 없었다. 궁복은 나이가 몇 살 위였으므로 정년을 늘 동생같이 대했다.

"여보게 정년, 당나라 놈들이 신라 사람을 개돼지같이 다루고 있네."

"형님, 이런 것 처음 아셨수?"

"그렇지만 그놈들이 무엇이 우리보다 낫다고 우리나라 사람을 이렇게 업신여긴단 말인가?"

"그놈들은 나라가 커서 그러는 것이라우. 그것뿐만이 아닙니다. 왜놈들까지 신라 섬사람들을 괴롭히고 있어요."

궁복은 긴 한숨을 내쉬었다.

"여보게, 우리도 여기 있으면 언제 저놈들에게 붙들려 갈지도 모르는데……, 이참에 저놈들 나라에 들어가 군인으로 출세해서 나중에 저런 놈들을 단번에 때려잡는 것이 어떻겠나?"

"좋은 말씀이오. 그런데 저놈들과 상대하려면 우선 힘이 세야 되오. 그리고 여러 가지 재주도 배워야 하오."

"준비를 하세. 대장부가 세상에 났다가 그대로 세상을 마쳐서야 후세에 누가 알아주겠나?"

여기서의 궁복이 바로 우리가 자랑으로 여기는 해상왕 장보고이다. 그러나 장보고의 어릴 때 기록은 자세히 전해지지 않는다.

장도의 모습 청해진의 본영인 장도는 완도에서 180여 미터 정도 떨어져 있는 작은 섬이다.

　장보고를 부르는 이름은 우리나라 기록에는 궁복, 궁파, 장보고로 되어 있고, 중국이나 일본 기록은 모두 장보고로 기록되어 있다. 당시 신라 관습상 평민은 성을 갖지 못했기 때문에 장보고가 중국에 있을 때 궁복의 '궁' 자와 비슷한 장씨라는 성을 갖게 된 것이고, '보고' 라는 이름은 '복' 의 음을 그대로 따라 지은 것으로 짐작하고 있다. 또 궁(弓)자는 한자로 활 궁자이다. 그렇게 생각하면 장보고가 활을 아주 잘 쏘았다는 추측도 가능하다.

　장보고의 출생지에 대해서는 《삼국사기》의 기록을 보면, 문성왕의 왕비로 장보고의 딸을 맞이하려 할 때 조정의 신하들이 그가

청해진 공원의 장보고 사적비. 해상왕 장보고의 활동과 업적이 새겨져 있다.

섬사람이라는 점을 들어 반대하고 있는 점으로 미루어 보아, 섬사람임을 확인시켜 주고 있으며, 그의 고향은 청해진이 설치되었던 오늘날의 완도라고 알려져 있다.

왜냐하면 첫째로, 그가 해상 왕국의 근거지를 하필이면 청해진에 설치하였던가 하는 점이며, 둘째로, 자기보다 열 살가량 어린 고향 후배 정년이 뒷날 당나라에서 굶주림과 추위에 허덕이다가 고향에 돌아갈 결심을 하면서 청해진으로 돌아오고 있기 때문이다.

신라와 당의 동맹

5세기 중엽까지 고구려의 영향 아래에 있던 신라는 정치·경제·문화의 각 방면에서 후진성을 극복하고 국력을 강화했다. 신라는 고구려가 평양으로 수도를 옮기고 남쪽을 중시하는 정책을 펴자 고구려와의 우호 관계를 단절하고 백제와 동맹을 맺어 대항했다. 신라는 6세기 초반 농업 생산력이 급격히 증대하여 부강해졌다. 그래서 532년(법흥왕 19)에 금관가야를 정복했고, 551년(진흥왕 12)에는 백제와 연합해 고구려의 죽령 이북 10군의 땅을 점령했다. 이 때 백제는 고구려의 남평양(지금의 서울 부근)을 점령했다. 또한 신라는 554년에 백제가 차지한 한강 하류 지역을 불시에 기습하여 장악했다. 이에 격분한 백제의 성왕이 신라 관산성을 공격했으나 김무력 장군에게 패하고 말았다. 그뿐 아니라 신라는 백제와 연합한 대가야를 562년에 정복해 가야 지역을 완전 정복했다. 이 시기에 신라는 동해안 쪽으로도 진출하여 오늘의 함경남도 일대까지 영토를 확장했다.

신라가 강해지자 백제와 고구려는 긴밀한 협조 체제를 이루며 대응했다. 백제는 560년 이후, 고구려는 7세기 초 이후에 신라에 대한 적극적인 공세를 벌였다. 백제와 고구려는 자주 신라의 국경을 공격했지만, 수나라와 당나라가 고구려를 침략하자 주춤하게 되었다. 백제와 고구려의 신라에 대한

진흥왕 척경비
경상남도 창녕군에 있다. 삼국시대에 신라의 진흥왕이 빛벌가야(지금의 창녕)를 신라의 영토로 편입시켰다.

한강 유역
충주 지역은 삼국의 각축장이었다.

공세는 7세기 중반에 다시 활발해졌다.

642년 백제는 의자왕이 군대를 이끌고 신라의 서쪽 40여 개 성을 빼앗았고 이어서 장군 윤충이 합천을 함락시켰다. 위기를 느낀 신라는 김춘추를 고구려에 보내 군사적 지원을 요청했으나 거절당하자, 당나라에 사신을 보내 당과 밀착하기 시작했다. 643년 고구려의 지원을 받은 백제가 신라의 관문인 남양을 점령하려 하자 신라는 당에 지원을 요청했다. 이에 당나라는 고구려와 백제가 신라를 침략할 때마다 사신을 보내 군사 행동을 중지하도록 강요했다. 그리고 648년 당에 사신으로 간 김춘추와 당 태종은 고구려와 백제를 멸망시키기로 하고, 정치적·군사적인 동맹 체제를 더욱 긴밀히 했다.

백제의 멸망

신라와 당나라가 정치·군사 동맹을 강화하던 650년대 말 백제의 국내 사정은 매우 혼란스러웠다. 640년대에 백제는 고구려와 연합해 신라를 공격해서 많은 전과를 거두기도 했다. 그러나 의자왕을 비롯한 지배층이 내부 분열을 일으켜 서로 다투면서 민심을 잃기 시작했다. 이 시기에 백제에서는 나라의 멸망을 예언하는 여러 가지 소문이 퍼졌다. 궁중에 들여온 흰여우 한 마리가 상좌평의 책상에 올라앉았다느니, 궁중에 심은 회나무가 사람이 우는 것처럼 울리는가 하면 밤에는 궁전 남쪽에서 귀신이 울었다느니, 귀신이 궁중에 들어와 "백제가 망한다, 백제가 망한다"라고 말했다느니 등의 소문이 그것이다. 이렇게 백제의 국내 정세가 혼란해지자, 660년 신라의 태종 무열왕은 백제를 멸망시키기 위해 당나라에 군대를 파병할 것을 요청했다. 당나라는 소정방을 사령관으로 삼아 3만 명의 육군과 수군을 백제에 파견했다. 당나라 군대는 산둥 반도를 떠나 덕적도에 이르렀다.

정림사지 오층 석탑

한편 신라는 김유신 등에게 5만 명의 정예군을 이끌고 백제를 공격하도록 했다. 나당 연합군이 쳐들어온다는 소식을 들은 백제 의자왕은 우선 지금의 장흥에서 귀양살이를 하던 좌평 흥수에게 그 대비책을 묻게 했다. 그는 천연 요새인 금강과 대전을 굳게 지키면서 나당 연합군이 쳐들어오지 못하도록 방어를 튼튼히 하고, 그들이 피로해졌을 때 불의에 공격해 싸울 것을 제안했다. 그러나 그 의견은 적절한 대비책이 아니라고 해 채택되지 않았다. 백제의 집정자들이 대비책을 놓고 옥신각신하는 사이에, 7월 김유신이 이끄는 신라군 5만

사비문
부소산성의 정문이다.
부여에 있다.

명은 이미 대전을 넘어 황산에 이르렀다.

백제의 장군 계백은 5,000명의 군대를 이끌고 황산벌에서 신라군과 맞서 싸웠으나 역부족으로 패하고 말았다. 그 때 당나라 군대는 금강 어귀에서 백제군의 저항을 받았으나 쉽게 돌파하고 곧바로 사비성(부여)으로 들이닥쳤다. 사태가 위급해지자 의자왕은 태자 융과 대신들을 데리고 웅진(공주)으로 달아났다. 7월 13일 당나라 군대는 백제군의 커다란 저항 없이 손쉽게 사비성을 점령했다. 웅진으로 달아났던 의자왕은 7월 18일에 당나라 장군 소정방에게 항복했다. 당나라 군대는 의자왕을 비롯해 백제인 수만 명을 데리고 중국으로 돌아갔다. 그리고 백제 지역에 웅진 도독부를 두고 통치했다. 백제가 멸망한 뒤에 백제의 유민들이 신라와 당나라 군대에 맞서 부흥 운동을 벌였으나 내부 분열로 성공하지 못했다.

고구려의 멸망

7세기 중엽에 이르러 고구려는 안팎으로 매우 어려운 처지에 놓였다. 수·당의 거듭된 침략으로 국내는 대부분 싸움터로 변했고, 농토가 황폐해져 백성들의 생활이 더욱 곤궁해졌다. 더구나 660년 백제가 멸망한 뒤에 당나라와 신라의 침략이 고구려에 집중되면서 고구려의 입장은 더욱 곤란해졌다. 고구려는 남쪽으로는 신라군의 공격을, 북쪽으로는 당나라의 침공을 방어하는 힘겨운 싸움을 벌여야만 했기 때문이다. 바로 이러한 때인 666년에 국가의 모든 권력을 장악하고 있던 연개소문이 죽었다. 그가 죽자 세 아들인 남생·남건·남산 등을 둘러싸고 귀족들은 권력 투쟁을 치열하게 벌였다. 아버지의 뒤를 이어 대막리지에 오른 남생이 지방 순시를 위해 자리를 비웠을 때, 일부 귀족들이 동생 남건과 남산을 부추겨 권력을 차지하도록 했다. 결국 남생은 두 동생의 배척으로 평양성에 들어가지 못하고, 국내성으로 피신했다가 당에 항복하고 말았다. 또한 연개소문의 아우 연정토는 자기가 관할하던 12성과 함께 신라에 항복했다. 고구려 지배층 안에서 일어난 내분은 고구려의 국력을 급격하게 약화시켰고, 신라와 당나라가 고구려를 침략하게 하는 구실을 만들어 주었다.

평양성 대동문
고구려의 멸망을 지켜본 성이다.

668년 당나라 군대는 랴오둥(遼東) 지역에서 압록강을 건너 평양성을 공격했다. 또 당나라 수군은 바다를 건너 대동강 하구를 거슬러 올라왔다. 남쪽에서는 유인궤가 이끄는 당나라 군대가 백제 지역을 통해 북상했다. 신라는 김유신을 총사령관으로 약 20만 명의 대군을 편성해 평양성으로 진격했다. 신라군은 평양성의 주요 방어선인 사천을 돌파하는 데 앞장섰다. 평양성을 지키던 고구려 군대와 백성들은 1개월간 나당 연합군에 항전했으나 결국 함락당하고 말았다. 이로써 고구려 왕조는 막을 내리게 되었다.

평양성이 함락된 후 고구려 유민 역시 각지에서 부흥

매소성 전투 기록화

운동을 전개했다. 검모잠은 궁모성을 근거지로 세력을 규합하고, 왕자 안승을 추대해 왕으로 삼고 당나라에 대항했다. 그러나 안승은 얼마 후에 신라에 항복하고 말았다. 신라는 안승을 금마저(익산)에 정착하게 한 다음 고구려 왕으로 책봉하고, 그 유민을 다스리게 했다. 이후 고구려 유민들은 신라군과 연합하여 당나라와의 싸움을 전개했다.

당나라와의 싸움(당나라 세력의 축출)

백제·고구려를 멸망시킨 당나라는 두 나라를 당의 영토로 편입하고 군대를 주둔시켜 지배하려고 했다. 더구나 신라까지도 차지하려는 침략 의도를 노골적으로 드러내기 시작했다. 당나라는 본래 신라 땅이던 비열성(안변)이 한때 고구려의 땅이었다며 그 곳을 안동 도호부 관하에 넘기도록 강요했다. 또 신라의 한성 도독을 회유해

무기를 훔쳐 내고 한성주를 당나라 영토로 편입하려 했다. 당나라의 이러한 침략 행동에 대해 신라는 실력으로 당군을 몰아내려는 계획을 세웠다.

먼저 신라는 이전부터 백제 내에서 백제 유민들의 부흥 운동을 진압하는 데 소극적이었다. 더욱이 고구려를 멸망시킨 뒤 고구려 유민들의 대당 투쟁을 도와 주기까지 했다. 670년 3월에 설오유가 이끄는 신라군과 고연무가 이끄는 고구려 유민군이 연합해 압록강을 건너가 당나라 군대를 토벌하면서 본격적인 나당 전쟁이 개시되었다. 실질적으로는 백제, 고구려를 포함한 우리나라와 당과의 싸움이었다.

국내성이 있던 자리
지금은 성벽의 일부만 남아 있다.

671년 4월에는 신라군이 당나라 군 5,300명을 석성 싸움에서 몰살시켰고, 672년 1월에는 가림성에 쳐들어온 당나라 군을 격퇴했다. 그리고 그 해 7월에는 고간과 이근행이 이끄는 당나라 군 1만 3,000명을 평양 근처에서 패퇴시켰다. 673년 2월에는 유인궤가 이끄는 당나라 군이 예성강을 건너 적성을 공격했으나 그 곳을 지키고 있던 신라 군민들의 완강한 저항으로 격퇴당하고 말았다. 675년 9월에는 설인귀가 통솔하는 당나라 수군을 천성에서 격파했다.

이렇게 많은 전투에서 패배를 거듭하던 당나라 군은 676년 이근행을 총사령관으로 하여 20만 명의 대군을 매소성에 주둔시키고 신라에 대한 대대적인 공격을 계획했다. 그러나 신라군은 매소성에 주둔한 당나라 군에 대해 일대 반격전을 전개해 수많은 당나라 군을 섬멸했으며, 군마 3만 380마리와 3만여 명 분의 무기를 노획하는 대승리를 거두었다. 11월에는 설인귀가 이끄는 당나라 수군이 본국으로부터 기벌포에 쳐들어왔으나 신라 수군에 완패당하고 말았다. 이로써 신라는 약 10년에 걸친 당나라와의 전쟁에서 승리했으며, 당나라 세력을 한반도에서 물리침으로써 한반도 대부분을 우리나라 영토로 하는 삼국 통일의 위업을 달성했다.

삼국 통일의 의의

삼국 통일은 신라가 고구려·백제를 멸망시키고 한반도에서 최초로 통일 국가를 수립했던 역사적 사건이다. 즉 신라에 의한 삼국 통일은 우리 민족이 하나의 민족 공동체를 형성해 통일 국가를 수립한 중요한 역사적 사건인 것이다. 세 나라의 국민들은 오랫동안 정치적으로 분립·대립하고 있었기 때문에 문화·언어 면에서 상당한 이질감이 있었다. 그런데 신라에 의해 삼국이 통일됨으로써 이와 같은 이질적인 요소들이 하나로 융합해 통일된 문화를 형성·발전시킬 수 있게 된 것이다.

이런 면에서 볼 때 신라의 통일이 고구려의 일부 영토를 상실한 불완전한 것이라고 할지라도 한국사에서 차지하는 의의는 매우 크다.

중앙탑
신라의 삼국 통일을 보여 주고 있다.

당나라로 가다

보타도 ▶
당나라에 건너간 신라인들이 활동했던 저장 성 보타도. 당시 신라인들이 무역을 하면서 살던 바닷가로 추정된다.

두 사람은 당나라로 갈 결심을 하고 그 날부터 여러 가지 재주를 익히기 시작했다. 우선 팔 힘을 기르려고 큰 돌을 드는 연습을 했다. 원래부터 기운이 장사인 두 사람은 큰 돌을 거뜬히 들게 되었다. 그만하면 되었다고 생각하고 다음에는 숨을 오랫동안 안 쉬고 물 속을 기어가는 연습을 했다. 정년은 10리까지도 바다 속을 갈 수 있었으나 장보고는 그렇지 못했다.

"자네는 정말 대단해?"

"아닙니다, 형님. 이 정도 가지고는 아직 모자랍니다."

"내가 자네하고 있으면 걱정이 없어. 우리가 당나라 군대에 들어간다면 금방 출세할 수 있을 걸세."

"그럼요. 형님의 담력과 지혜만 있으면 아무도 우리를 업신여기지 못할 겁니다."

그들은 더욱 맹렬하게 무예를 익혔다. 그리고 두 사람은 당나라로 건너갔다. 힘과 재주가 비상한 장보고와 정년은 당나라 군대에 들어가 서주에 있는 무령군의 병사가 되었다. 장보고와 정년은 싸움만 하면 승리했다. 그래서 장보고는 무령군의 소장이 되었다. 신라인으로서는 처음 있는 일이었다.

그러던 어느 날 장보고는 또다시 가슴 아픈 모습을 보게 되었다. 노예 시장에서 팔리는 신라인들을 보게 된 것이다. 그들은 모두 우리나라 남해안에 살던 섬사람들이었다. 장보고의 눈에 불똥이 튀었다. 노예 상인들은 사실 상인이 아니라 해적이었다. 그들은 평상시에는 장사꾼이었지만 관군이 없는 곳에서는 금방 해적들로 변해 우리나라, 중국, 일본 등의 지나가는 배나, 섬사람들을 약탈했다. 중국과 우리나라는 그런 상인들을 처벌한다는 법을 정해 놓았지만 아무 소용이 없었다.

"내 저것들을!"

장보고는 당장이라도 노예 상인들을 향해 칼을 빼 들 기세였다. 그러나 정년이 가로막았다.

"형님, 저놈들은 모두 중국의 관헌과 연계되어 있어요. 괜히 덤벼들었다가는 공연히 형님만 다치게 됩니다. 저들한테 걸리면

목숨을 부지하기 힘들어요. 지금은 참자구요. 나중에 기회가 올 겁니다."

장보고의 가슴은 물 끓듯 끓었다. 노예로 끌려가는 신라인들의 눈을 바로 볼 수가 없었다. 장보고의 눈에서 눈물이 흘러내렸다.

"오냐, 내 지금은 참는다. 하지만 너희 노예 상인들의 씨를 말려 주마."

그즈음, 몰락해 가던 당나라는 군대를 줄이기 시작했다. 장보고와 정년이 속해 있던 군대도 없어지고 말았다. 차라리 잘 된 일이었다. 어차피 남의 나라 군대에 오래 있을 수는 없었다. 장보고는 장사를 하기로 했다.

"이 곳에서는 소금 장사가 제일일 거야."

산둥 반도에는 소금이 많이 났다.

"형님, 소금 장사는 주로 중국 사람만 하지 신라인들은 할 수가 없어요."

"왜?"

"중국 상인들이 신라인들에게는 소금을 비싸게 팔아요."

그러나 장보고는 고개를 저었다.

"남이 하기 힘든 일을 해야 돈을 벌 수 있지?"

"형님, 돈 벌어서 뭐 하시게?"

"글쎄."

장보고는 그냥 빙긋 웃었다. 그러나 장보고의 가슴 속엔 벌써 그 때 고향 완도의 앞바다가 넘실거리고 있었다.

"형님, 저는 아무래도 이 곳을 떠나야 할 것 같습니다."

"뭐야?"

"저는 장사가 맞지 않습니다. 형님 곁을 떠나는 것은 아쉽지만 나름대로 저에게 맞는 일을 찾아보겠습니다."

친형제처럼 의지하고 살았던 정년이 떠난다는 말에 장보고는 슬펐다. 그러나 정년의 마음을 되돌릴 수는 없었다. 아마도 무예가 뛰어난 정년은 또 다른 군대를 찾아갈 것이라고 짐작만 했다.

"형님, 부디 안녕히 계십시오."

"잘 가게, 아우. 어려우면 언제라도 나를 찾아오게."

남은 장보고도, 떠나는 정년도 눈물을 흘렸다.

산둥 반도

중국 동부에 있는 반도. 산둥 성의 동부 구역을 차지하며 보하이 만과 우리나라 황해 사이에서 북동쪽으로 뻗어 있다. 지형은 높이 약 180m의 구릉 지대이지만, 라오산 산맥에서는 1,130m의 높이로 솟아 있다. 민어·갈치·청어·참새우 잡이가 이 곳 경제에서 중요한 몫을 차지한다. 조수가 낮은 해변은 염전이나 연체동물의 양식장으로 쓰인다. 해안을 따라 있는 좁은 평야에서는 곡물을 재배하며, 반도의 남쪽 구릉에서는 사과·포도·배·차 등이 재배된다. 또한 철광석·망간·금이 풍부하게 매장되어 있다. 중국에서 가장 훌륭한 항구 중 몇 개가 바위가 많고 들쭉날쭉한 산둥 반도 해안에 있다.

대한 해협

한국과 일본의 규슈 사이에 있는 해협. 이 해협 가운데에 쓰시마 섬(대마도)이 있어 일본에서는 쓰시마 해협이라고 한다. 옛날에는 육지였던 것으로 추정되나 현재는 평균 수심 100m 내외의 대륙붕으로 되어 있으며, 해협의 폭은 50km이다. 영해의 범위는 1978년부터 세계적

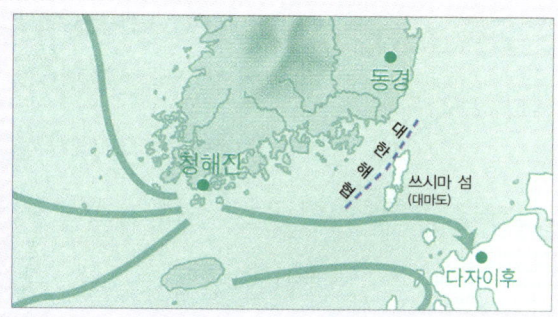

인 추세에 따라서 해안으로부터 12해리의 거리를 적용시키고 있으나, 대한 해협에서는 일본의 쓰시마 섬이 가까이 있어서 가장 바깥쪽 섬에서 3해리까지의 수역이 영해로 설정되어 있다.

삼국 시대 이래 한·일 간의 교통로로 이용되어 왔으며, 일제 강점기에는 일본이 군사적 목적으로 해저 터널의 건설을 계획하기도 했다. 제2차 세계 대전 이후 맥아더 라인과 평화선이 설정되었으며, 1965년에는 한·일 간의 어업 협정이 체결됨에 따라 전관 수역과 공동 수역이 설정되었다. 해협의 양안은 침강에 의한 리아스식 해안으로, 이와 같은 지형을 이용하여 한국의 남해안에서는 김·어패류의 양식이 활발히 행해진다. 또한 대륙붕상에 난류가 흘러 난대성 어류가 풍부한 남해 어장의 일부를 이룬다. 부산과 일본의 시모노세키 간에 정기 항로가 개설되어 페리호가 운항되고 있다.

적산 법화원을 열다

적산 법화원 ▶
통일 신라 때 당나라 산둥 반도의 적산촌에 장보고가 세운 사찰로 장보고가 당나라에 살고 있는 신라인들을 신앙과 연결시켜 하나로 뭉치게 했던 신라 중심의 사찰이다.

    장보고는 사람들을 다스리는 기술이 좋았다. 군대에서 병사들을 훈련시킨 경험이 있기 때문이었다. 그의 소금 장사는 점점 번창했다. 많은 신라인들이 그의 그늘 아래로 몰려들었다. 남의 나라에서 사는 신라인들은 모두 살기가 어려웠다. 그러나 장보고의 성공을 보고는 어깨를 펴게 되었다.

    "신라인이 중국의 장군이 되더니 이제는 중국인들도 다스리는 큰 상인이 되었어."

    "그러게 말이야. 이제야 우리도 비빌 언덕이 생겼어."

    신라인들은 물론이고, 멸망한 고구려와 백제인들의 후손까지 모두 박수를 쳤다.

　장보고는 먼저 산동 등주 원덩(文登) 현 청녕향 적산에 법화원(지금의 산동 반도 석성만 부근)이라는 절을 지었다. 이 적산 법화원은 당나라에 이주해 와서 살고 있는 신라인의 정신적 위안소가 되었다. 한번 법회가 열리면 250명 이상의 신라 사람들이 모였다. 이 절은 또 신라 본국과의 연락 기관이 되었다.

　중국의 사절이 해로로 신라에 건너가게 될 때에는 한반도와의 교통 요지인 등주를 거치게 되는데, 특히 적산 법화원에 들르던 것은 당시 사절이 신라 본국과의 연락이 빈번하므로, 이 곳에서 미리 신라의 사정을 알아보고, 또는 여행을 안전하고 편하게 하기 위해서였다.

일본에서는 자각 대사라고 추앙받는 엔닌은 산둥 반도에 있는 신라인들이 모여 사는 적산의 법화원에 오게 된 것도 장보고 때문이라고, 다음과 같은 편지를 본국에 쓰고 있다.

엔닌은 비록 거리는 떨어져 있었지만 장보고의 직접적인 후원으로 적산

의 법화원에 왔습니다. 장보고가 이 법화원을 지었는데, 아마도 자기 선박들에 정신적 가호를 베풀고, 또 자기 대행자들에게는 종교적 전도를 할 목적으로 이 절을 지은 것 같습니다. 그는 이 법화원에 연 수입 쌀 500석의 토지를 주었습니다.

이 법화원과 이 지역의 신라인 거류민단의 총책임자는 분명히 장영(張詠)이란 사람인데, 이 사람은 인근 지역에 사는 많은 신라 사람들이 그랬던 것과 마찬가지로 장보고의 부하 되는 사람입니다.

당시 엔닌이 산둥 반도 적산 법화원에서 지낼 수 있었던 것은 장보고의 배려와 통역을 맡았던 신라인 유신언 때문이었다. 더구나 엔닌은 그 때 당나라의 조정으로부터 입국 허가를 받지 못해 밀입국 상태에 있었기 때문에, 신라 사람들의 보호가 없었다면 갈 곳이 없었다. 이러한 사정에 대해서 엔닌 스스로가 그의 일기에 자세하게 기록하고 있다.

엔닌은 적산 법화원을 떠나 1년 이상을 당나라에 머물러 있었다. 그러나 그가 머물던 이 기간 동안에 주로 접촉했던 사람들은 신라 사람들이었지 당나라 사람들이 아니었다. 이것은 일찍이 적산의 법화원에 체류하고 있었던 경우나 마찬가지였다. 그가 후세에 남긴 일기는 한 일본인의 당나라 여행을 다시 비추어 보는 것이지만, 페이지마다 당나라 사람들과 맞서서 당당하게 살고 있는 신

라 사람들이 등장하고 있어도, 일본 사람들은 등장하지 않고 있다.

　산둥 성에 살고 있는 신라 사람들은 어려움이 있으면 장보고를 찾아왔다. 그러면 장보고는 작은 일에서부터 큰 일까지 자기의 힘을 아끼지 않았다. 그래서 법화원에는 사람들의 발길이 끊이지 않았다.

장보고의 사업은 점점 큰 성공을 거두었다.

장보고는 당나라 사람은 물론, 멀리 아라비아 상인들과도 장사를 시작했다. 아라비아 상인들에게 유리를 사서 그것을 다시 당나라 사람들에게 팔았다. 장보고는 아라비아 상인들을 상대하면서 세상이 얼마나 넓고 큰지를 알았다. 그리고 육지를 통해서보다 바

◀ **장보고 기념탑**
장보고가 세웠던 적산 법화원의 북쪽에 있다. 1994년에 세워졌으며, 한국과 중국 양국의 친선을 기념하여 탑을 세웠다.

이란 펠리스 폴리스 ▶
사산계라 불리는 이란인들이 신라와 무역을 한 것으로 알려져 있다. 한때 대제국을 이루었던 페르시아 대제국 궁궐터이다.

▼ **각종 향신료**
당시 장보고는 아라비아 반도의 여러 나라, 인도 등지에서 온 유리와, 후추, 유황 등의 향신료를 수입했고, 아라비아 상인들에게는 도자기와 비단을 팔았다. 그래서 장보고는 당나라 안에서도 유명한 무역인이었다.

다를 통하면 곧바로 너른 세계와 만날 수 있다는 확신을 가졌다.
"여러분, 바다는 넓어요. 우리가 작은 상인에서 벗어나 큰 상인이 되기 위해서는 바다를 다스릴 줄 알아야 합니다."
장보고는 자신의 장삿배를 탄 선원들에게 항상 그렇게 말했다. 장보고의 장삿배는 산둥 반도를 떠나 중국의 앞바다는 물론이고, 일본과 우리나라 깊숙이 들어가 장사를 했다. 장보고는 아라비아 반도의 여러 나라, 인도 등지에서 온 유리와, 후추, 유황 등을 신라

장보고 초상

장보고는 통일신라의 장군으로서 해적들을 소탕하고 해상 무역을 펼쳐 바다를 장악한 바다의 제왕으로 장군, 대사, 해상왕 등으로 불린다.
어려서부터 바다를 바라보며 꿈을 키웠던 장보고는 청년 시절 친구와 함께 당나라로 건너가 무과에 급제하였다. 하지만 그 곳에서 비참하게 지내는 신라인들을 보고, 신라로 귀국해서 청해진을 설치했다.

인들에게 팔았고, 아라비아 상인들에게는 도자기와 비단을 팔았다. 그래서 장보고는 당나라 안에서도 유명한 상인이 되었다.

그러나 장보고의 사업에 가장 큰 걸림돌이 있었다. 바로 해적이었다. 해적들은 동남아시아는 물론이고, 중국과 우리나라의 해안도 약탈했다. 장보고의 배도 해적에게 벌써 몇 번이나 약탈을 당했다. 장보고의 가슴은 다시 뛰었다. 노예 상인에게 팔려 가던 신라인들이 다시 떠올랐다. 장보고는 자기도 모르게 두 주먹을 불끈 쥐었다.

"그렇다. 해적들을 모조리 소탕할 기지를 세우자. 그 곳은 내 고향 청해가 가장 좋을 거야. 그 곳은 뱃길을 모르는 사람은 들어올 수도 없어서 기지로서는 가장 안전할 거야."

해상왕이 되다

흥덕왕릉 ▶

흥덕왕은 신라 제42대 임금으로 장보고가 청해진에서 해상 왕국을 건설할 수 있도록 군사 1만과 바다에 관한 모든 권한을 주었다. 오른쪽 아래 12지신상은 흥덕왕의 묘를 둘러싼 돌에 새겨진 12지신 중의 하나이다.

마침내 장보고는 그의 조국 신라로 돌아왔다.

신라 흥덕왕 때였다.

신라에서는 그를 장군으로 쓰고자 했으나 장군들이 반대했다. 장보고는 그 당시 신라의 장군들보다 몇 배나 뛰어난 무술과 용기를 가지고 있었기 때문이다. 그들은 한사코 임금과 장보고가 만날 수 없도록 했다. 장보고는 그것이 안타까웠다. 청해에 기지를 설치하려면 신라 임금의 허락이 있어야 했다.

결국 장보고는 직접 임금에게 상주했다.

"신 장보고 아뢰옵니다. 신이 당나라에 들어가 보니 신라 사람들이 당나라 사람들의 종이 되어 비참한 생활을 하고 있었습니

다. 가만히 알아보니 대개 당나라 뱃사람들에게 잡혀 왔다고 하옵니다. 전하께서는 백성을 불쌍히 여기시어 이러한 폐단을 없애도록 하십시오."

흥덕왕은 장보고의 명성을 듣고 있었다. 그는 대신들을 불러 이 문제를 의논했다.

"바다에 진을 두어 외국 뱃사람들을 감독하는 것이 좋을 듯하옵니다."

임금은 즉시 지금의 완도에 청해진을 두고 장보고를 대사로 임명했다. 장보고

는 청해진 대사로서 신라의 의젓한 관리가 되어 이름을 궁복에서 장보고라고 고쳤다.

이 청해진은 해상을 경비하며 당나라 사람이 우리나라 사람을 약탈하지 못하도록 감시하고, 무역 거래를 감독하는 일을 맡아 보는 곳이었다. 말하자면 일종의 세관 같은 곳이었다.

장보고는 사람들을 모아 말했다.

"이제 이 곳 청해에 우리의 군사 기지를 설치합니다. 이 곳은 일본이나 중국의 배들이 지나는 요충지입니다. 앞으로 이 곳에서 우리나라를 침범하는 모든 해적을 소탕할 것입니다. 그러면 우리는 우리나라뿐만 아니라 모든 다른 나라의 상권을 가질 수 있습니다. 그러기 위해서는 해적들의 침범에 대비하여 튼튼한 성을 쌓아야 합니다. 그리고 강하고 빠른 배를 만들어야 합니다. 바다가 우리를 부릅니다. 저 너른 바다는 우리의 것입니다. 다행히 이 곳은 물길을 모르는 다른 배들은 들어올 수 없는 천혜의 조건을 갖추고 있습니다. 자아, 이제 우리 모두 힘을 합쳐 새로운 해상 제국을 건설합시다."

청해에 모인 사람들은 모두 장보고의 말에 박수를 쳤다. 드디어 공사가 시작되었다. 먼저 청해의 언덕에 성을 쌓기 시작했다. 성은 두 겹으로 쌓았다. 안쪽의 성과 바깥쪽의 성을 쌓은 것이다.

장보고 장군 해전도

그리고 배를 만들기 시작했다. 아주 짧은 시간에 성이 완성되었고, 배가 만들어졌다.

장보고는 군사도 1만 명이나 훈련시켰다. 그러나 이 군사들은 그냥 군사들이 아니었다. 평상시에는 농사를 짓고, 왜적들이 나타나면 싸움을 하는 병사였다. 배도 마찬가지였다. 평상시에는 그냥 상인의 장삿배였지만 해적이 나타나면 갑판에 방패를 세워 해적이 올라오지 못하게 했다.

장보고는 때를 기다려 바다로 나갔다. 해적들을 소탕하기 위해서였다. 청해진의 배는 그냥 지나가는 상선으로 위장했다. 군사들은 모두 무기를 감추고 노를 저었다. 아니나다를까, 그냥 상선인 줄 알고 해적들이 덤벼들었다.

강진 도요지 유적
고려 청자의 발상지인 강진 도요지의 가마터. 불에 그을린 흔적이 선명하게 남아 있다.

"멈춰라!"

"배에 실린 물건을 다 내놓고 무릎을 꿇는다면 목숨은 살려 주겠다. 그렇지 않다면 모두 바다 속의 물고기 밥으로 만들어 줄 테다!"

해적들은 기세등등하게 청해진의 배에 올라타려고 했다.

바로 그 때였다.

"공격하라!"

장보고의 명령이 떨어지자 순식간에 노를 젓던 선원들이 군인으로 변했다. 아주 잘 훈련된 군인들이었다. 해적들은 청해의 군사들에게 칼과 화살을 맞고 하나 둘 바다로 떨어졌다. 장보고는 단 한 명의 해적도 남기지 않고 모조리 바다 속으로 던져 버렸다. 그 옛

날 우리나라 사람들을 납치해 가던 그 때의 해적선을 잊지 않고 있었던 것이다.

해적선 하나가 완전히 물 속으로 처박히고, 단 한 명의 해적도 남지 않았다는 소문은 금방 퍼졌다. 이제는 해적들도 단단히 준비를 하고 덤벼 왔다. 그러나 오합지졸인 해적들이 전쟁에서 잔뼈가 굵은 장보고를 당해 낼 수 없었다.

장보고는 군사들을 훈련시키는 것부터가 달랐다. 아주 체계적이고 조직적인 훈련이었다. 칼을 쓰는 병사와 화살을 쏘는 병사를 분리해서 따로 배치했고, 빠르게 노만 젓는 병사를 따로 두어 기동성

장보고 드라마 촬영지의 세트 전라남도 완도에 있다.

을 높였던 것이다. 장보고는 해적들과의 싸움에서 그야말로 백전백승했다.

어느 새 해적들이 우리나라 해안에서 자취를 감추었다. 이제 신라 배는 물론이고, 일본이나 중국의 배들이 안전하게 무역을 할 수 있었다. 그뿐만이 아니었다. 멀리 항해하는 배들은 장보고에게 호위를 부탁하기도 했다. 당연히 장보고의 배들은 우리나라를 벗어나 보다 넓은 안목을 가질 수 있었다.

이렇게 장보고가 우리의 앞 바다를 장악한 후 당나라 사람들도 감히 신라 사람을 얕보지 못하고, 어느 배든지 청해진을 들러서 갔다. 만일 그냥 가면 청해진의 배가 쫓아 나가 배를 압수했다. 이 때부터 신라 해상은 편안했다.

청해진의 군사들은 어느 새 장보고를 신처럼 떠받들었다. 장보고는 청해진을 발판으로 점차로 그 범위를 넓혀 동아시아의 가장 중요한 무역 기지로 만들었다. 청해진은 이제 신라만의 해양 군사 기지가 아니라 동아시아 무역의 중요 거점이 되었다.

그 때 장보고가 가장 중요하게 생각했던 것은 항해술이었다. 항해술은 배도 우수해야 하지만, 바닷길을 잘 알아야 했다. 장보고는 강하고 빠른 배를 만들었고, 중요한 바닷길의 지도를 만들었다.

장보고는 우리나라의 해안 물길을 손바닥 들여다보듯 했다. 이

장보고 드라마 촬영지

렇게 모든 준비를 갖춘 청해진의 군사들은 종횡무진으로 동아시아의 바다를 누볐다. 이 항해술에 관한 한, 그 당시 일본 사람들이나 중국, 다른 어느 나라 사람들보다도 신라인들이 우수했다. 그리고 그 당시로서는 동북아에서뿐만 아니라 세계적으로도 우수했다.

    그뿐만이 아니었다. 주로 중계 무역으로 이익을 남겼던 장보고는, 더 많은 이익을 남기기 위해 중국으로 사람을 보내 도자기 기술을 배워 왔고, 강진에 도자기 만드는 곳을 만들어 다시 그것을

서역 상인들의 모습

여러 나라에 되팔았다. 그렇게 해서 이익을 몇 배나 남겼다.

  중국에 뒤떨어져 있던 우리나라가 본격적으로 도자기 기술이 발달한 것도 모두 이 때문이다. 강진에서 만들어진 도자기는 중국이나, 아라비아, 그리고 유럽에서 가장 인기 있는 물건이었다.

  청해진의 포구는 항상 많은 배들로 북적거렸다. 장보고는 남해를 지나는 배의 수효와 행선지를 훤하게 알고 있었다. 그렇게 되자 해적들의 약탈을 피하기 위해 일본과 중국의 배들은 장보고에게 무사히 길을 안내해 달라고 요청했다. 그래서 장보고의 힘은 오히려 신라의 조정보다 훨씬 셌다.

서라벌의 왕위 싸움

성터 ▶
장도의 성터에는 흙으로 쌓은 토성, 목책 혹은 돌로 쌓은 성터와 성곽의 흔적들이 지금도 남아 있다.

　장보고의 활약으로 신라 해상은 편안해졌지만 서라벌에서의 왕위 싸움은 치열해만 갔다. 흥덕왕은 재위 2년 만에 세상을 떠났다.
　그래서 왕위를 놓고 귀족들 간의 피나는 싸움이 계속되었다. 그것이 청해진의 장보고에게도 영향을 미쳤다. 왕권 다툼에 밀려난 김우징이 처와 아들 경응을 데리고 밤에 몰래 서라벌을 탈출하여 청해진으로 도망 온 것이다.
　청해진 대사 장보고는 불시에 신라의 왕족들이 몰려오므로 무슨 일이 있나 하고 서먹서먹해했다. 그렇지 않아도 항상 불안한 서라벌 정세 때문에 걱정하고 있던 장보고였다. 서라벌의 중앙 정치에 잘못 끼어들었다가는 어떻지 되는지를 장보고는 너무도 잘 알고

있었다. 고구려의 땅을 거의 빼앗기고 반쪽만의 통일을 이룬 신라는 세월이 흐를수록 정치가 문란해졌고, 서라벌은 항상 정권 싸움으로 피비린내가 가득했기 때문이다. 그러나 엄연히 신라의 왕족
들인 김우징 가족을 바로 내칠 수는 없었다.

"먼 길 오시느라 얼마나 수고하셨소? 아무것도 없는 곳이 되어 여러분은 거북하실 것이외다."

장보고는 의례적인 인사말을 건넸다.

우징은 살아난 것을 다행으로 생각했다.

"장 대사, 도망해 다니는 사람이 무엇을 요구하겠소? 목숨만 살아 있으면 다행이오."

얼마 후 김우징의 동생인 예징과 아찬 양순 등이 모여들었다. 그러다 보니 청해진이 신라 왕족들의 피난처가 되고 말았다. 사실상 장보고의 청해진은 몰락한 신라 귀족에게는 가장 안전한 장소였

다. 이 곳의 모든 치안은 장보고의 휘하에 있었으니까, 조정의 임금이라고 하더라도 청해진에서는 힘을 쓰지 못했다. 더구나 장보고는 누구든 자신을 찾아온 사람은 마다하지 않았다. 그러나 장보고의 걱정은 점점 그 깊이를 더해만 갔다. 서라벌이 혼란하다면 결코 청해진도 편안할 수 없었던 것이다.

그러던 어느 날이었다.

몸에 누더기를 걸친 정년이 찾아왔다.

장보고는 처음에 그 사람이 정년인 줄 알지 못했다.

"형님!"

정년은 장보고를 보자 엎드려 절을 하며 울었다.

그제야 장보고는 그 사람이 정년인 줄 알았다.

"이보게 정년!"

"보고 싶었습니다. 멀리서 형님의 소식을 듣고 오고 싶었습니다. 그러나 면목이 없었습니다. 형님은 이렇게 온 바다를 주름

잡고 계신데…… 저는…….”

장보고는 빙긋 웃었다.

"형제간에 그게 무슨 말인가? 자네가 오니 난 천군만마를 얻은 셈이네."

"형님, 그럼 이 못난 아우를 받아 주실 겁니까?"

"받아 주다니? 내 집은 곧 자네 집이야. 이제 나하고 저 푸른 바다를 다스려 보세. 우리 언젠가 저 푸른 바다를 다스려 보다 넓은 세계로 나가겠다고 맹세하지 않았나? 아직도 신라인들을 잡

아다 파는 해적들이 간간이 있네. 그렇지만 이제 걱정 없어. 자네가 왔으니 말이야."

"형님, 걱정 마십시오. 제가 노예 상인들의 씨를 말려 버리겠습니다."

"암, 암. 그래야지."

청해진에 모처럼 웃음꽃이 피었다.

그러나 금방 장보고의 표정은 어두워졌다.

"형님, 무슨 걱정거리가 있습니까?"

"이 곳에 왕실의 귀족들이 많이 와 있네."

"네?"

정년도 놀라는 눈치였다.

장도 성터의 유적 발굴 작업

청해 본진 당시 청해진의 규모를 알 수 있도록 입체 그림으로 제작 복원한 그림이다.

"잘못하면 서라벌의 정치 싸움에 말려들 판이라네."
장보고는 긴 한숨을 내쉬었다.
"안 됩니다, 형님. 우리가 정치에 끼어들면 죽도 밥도 안 됩니다. 이런 때일수록 형님은 바다에만 신경을 써야 합니다. 왕실의 눈치를 보다가는 어렵게 마련한 청해진 기지도 금방 쇠퇴하고 말 것입니다."
"아우의 생각도 그렇지?"
"그럼요. 송충이는 솔잎을 먹어야 살듯이 우리는 바다를 먹어야 살 수 있습니다."

두 사람은 다시 환하게 웃었다.

장보고는 정년의 말대로 오로지 바다 경영에만 온 힘을 쏟았다. 그리고 이 나라 그 누구도 이룩하지 못한 해상 왕국을 건설했다. 그가 청해진을 설치함으로써 동아시아 세계에서 처음으로 우리 민족 주도로 해상 질서를 확립시켰다. 동아시아의 해상 활동을 주도하고 해상 무역왕이 됨으로써 백성들의 해양 진출의 폭을 넓혀 놓았던 것이다.

또한 그 동안의 조공 중심의, 나라와 나라 사이의 좁은 관 무역에서 벗어나 자유로운 민간 무역을 확대시켰다. 해상 무역을 통한 이익의 축적으로 거대한 상업 자본가가 나타나게 되었다. 그리고 장보고의 유산을 계승한 고려 왕건의 해상 세력이 성장했고, 그것을 기반으로 하여 고려 왕국을 건국할 수 있는 계기를 마련했다. 세계사적 측면에서는 일명 '남방 해로' 또는 '도자기로'로 불리는 동서양 해상 교역의 한 축을 담당했다.

장보고의 딸

남쪽의 바닷물은 푸르다.

청해의 검푸른 바다 물결이 육지의 바위를 후려쳐 산산이 부서진다.

장보고의 딸이 있었다. 나이는 열다섯 살이지만 바닷가에서 마음껏 뛰놀며 자란 탓인지 키가 크고 색시 티가 났다. 장보고는 딸에게 서울에서 귀한 손들이 많이 왔으니 심부름을 잘 하라고 타일렀다.

"애야! 우리 집에 오신 손님들은 모두 훌륭하신 분들이다. 장차는 임금님이 되실 분도 계시다. 조심해서 시중해야 한다."

"네, 염려 마세요. 어느 분이 임금이 되실 분이에요?"

"왕실에서 싸움만 하니까 누가 어떻게 될지 모르지만 맨 먼저 온 사람일 게다."

"그래요? 그럼 그 집은 모두 피난을 오셨군요?"

"그렇단다."

딸은 더 묻지 않고 밖으로 나갔다. 바닷가에 나가서 고기도 낚고 때로는 배도 저어 멀리까지 나가기도 했다. 장보고의 딸은 아버지를 닮아 기운도 세며 고기 낚는 솜씨도 남자에게 지지 않았다.

우징의 아들 경응은 화려한 서울에 살다가 일시에 환경이 바뀌니 처음에는 견딜 수 없었다. 매일 바닷가에 나가 돌아다니며 노는 것을 낙으로 삼았다. 언제 다시 서울로 가게 될지 기약 없는 일이었다.

바닷가에서 바람을 쐬고 있을 때면 넓은 바다가 신라의 서울같이 보이기도 했다. 평평한 물 위에 떠 있는 배는 누각같이 보였다. 이럴 때면 자기 집안이 망하여 영영 이런 어촌에서 일생을 보내게 되는 것이 아닌가 하고 긴 한숨도 쉬었다.

"도련님, 어째 홀로 여기 나와 계세요?"

장보고의 딸이 옆에 와 앉았다.

"바람 쐬러 나왔지."

"도련님, 배 타고 안 노시겠어요?"

"한번 타 볼까? 네가 배 저을 줄 아느냐?"

"알고말고요."

"그럼 저기 앞섬까지 데려 다오."

두 사람은 배를 타고 바닷물을 헤치며 앞섬으로 향했다. 작은 배는 기우뚱거리며 잔잔한 물결을 헤치고 나갔다. 두 사람의 마음은 맑고 밝았다.

무인도인 섬에는 나무와 풀이 마음대로 자라 무성했다. 두 사람은 풀과 나무를 헤치고 바다가 잘 보이는 곳을 가려 앉았다. 머리카락을 날리는 바람이 소금 냄새를 풍겼다.

"이 곳은 바다 냄새가 더 심하구나."

"도련님, 그 냄새 싫으세요? 우리들은 조금도 싫지 않아요."

"그래, 난 비릿한 바다 냄새가 그리 좋지는 않구나."

"도련님, 서울 이야기나 좀 하세요."

경응은 가슴이 답답했다.

"왜 그러세요?"

"신라 서울 한가운데 궁정에서는 임금 될 사람들이 서로 싸움만 해서 그렇다."

"왜 싸움들을 해요?"

그녀는 눈을 동그랗게 뜨고 물어 봤다. 순진한 시골 아가씨가 왕위 싸움을 왜 하는지 알 리 없었다. 대답을 하자니 경응은 부끄러워졌다.

"임금이 되어 가난한 백성들을 모두 부자로 만들어 주려고 해서지."
"지금도 청해진 사람들은 잘들 살아요."
"그거야 장보고 장군이 있으니까 그렇지. 임금들 중에 장보고 장군 같은 사람이 하나만 있어도……."

"그럼 도련님이 임금이 되시면 우리 백성들을 잘살게 해 주시겠네요."

또다시 어려운 질문을 했다. 자기 아버지가 임금이 되면 자기도 응당 임금이 되었다. 경응은 용기를 내서 사실을 말했다.

"우리 아버지가 임금이 되려고 하시다가 쫓기어 여기 와 계신 거다."

청해진 장도의 목책 유적
장도의 남쪽 바닷가에 둘레가 40~80센티미터 정도의 목책이 약 300미터에 걸쳐 남아 있다. 발굴단의 조사 결과 소나무로 만든 목책이며 9세기 유물로 밝혀졌다.

목책의 밑부분
진흙벌 속에 묻혀 있다가 최근 발굴 작업에 의해 드러난 방책의 밑부분. 현재 전쟁 기념관에 복원 전시되어 있다.

"그러면 도련님 아버님도 잘 하시면 임금님이 되시겠네. 그 다음에는 누가 임금이 되나요?"
"내가 된다."
그녀는 깜짝 놀랐다.
"임금님!"
"아직은 임금님이 아니다. 나는 왕자다."

공작 문양이 새겨진 유물
국립 경주 박물관에 소장되어 있다. 이 문양은 사산(이란)계 무늬로서, 신라가 그 새김 기법을 도입한 것으로 추정되고 있다. 따라서 서역과의 문물 교류가 활발했음을 알 수 있다.

"왕자님!"

그녀는 경응이 왕자인 것을 알았다.

해가 서산으로 기울어질 무렵에 왕자와 장보고의 딸은 배를 저어 집으로 돌아왔다.

이 때부터 두 사람은 매일같이 바닷가에서 만나 즐겁게 세월을 보냈다. 세월이 흘러갈수록 두 사람 사이는 떨어질 수 없게 되었다. 두 사람은 서로를 사랑했다. 왕자 경응은 비록 피난을 왔어도 소박한 장보고 딸과 노느라고 시간 가는 줄 몰랐다. 그것이 바로 장보고와 청해진이 몰락하는 비극의 씨앗이 되고 말았다.

서라벌을 정벌하다

장도의 우물 터 ▶
해안가 바로 옆에서 발견된 우물. 당시 장도에 수많은 사람들이 생활했다는 사실을 보여 주는 결정적 자료로, 우물의 바닥이 해수면보다 깊어 항해 시 선박에 필요한 식수 공급원으로도 활용되었을 것으로 추측되는 등 그 가치가 매우 높다.

김우징이 청해진에 머물고 있던 어느 날 아찬 김양이 급히 청해진으로 달려왔다. 김우징은 아무런 소식도 모르고 있다가 김양을 보자 놀라며 마중했다. 김양은 김우징에게 급히 일어나 나라를 구하라고 애원했다.

"상대등 김명이 왕을 죽이고 신라의 새 임금이 되었습니다. 이제 원성 대왕의 후손은 우징 아찬과 예징 아찬 두 분밖에 안 남았습니다."

그러자 김우징은 전부터 믿고 있던 장보고를 불러들여 의논하려고 했다.

"왕위 문제를 왕족이 아닌 다른 사람에게 말씀하시는 것은 좋지

않습니다."
"그러나 우리가 이 곳에 와 있는 것을 장보고 대사도 아는 일인데 조금도 숨길 것이 없지 않소? 더구나 장보고 대사는 신의가 있는 사람이오. 만약 이 나라에 장보고 대사마저 없었다면 어떻게 되었겠소? 벌써 왜적의 손에 나라가 반은 들어갔을 것이오. 그런 장보고 대사에게 이런 문제를 의논하지 않는다면 누구와 의논하겠소?"

김양은 더 반대하지 못했다.

김우징은 바로 그 자리에 장보고를 청하여 국사를 의논했다.

먼저 김우징이 입을 열었다.

"아찬 김양이 전하는 바에 의하면 상대등 김명이 임금을 죽이고 그 자리에 앉았다 하오. 이 원한을 풀어 줄 사람이 누가 있겠소?"

장보고는 전부터 대강 듣기는 했지만 얼른 나서서 뭐라고 말하지 못했다. 장보고는 서라벌의 혼란한 정치에는 참여하고 싶지 않았다. 장보고의 마음 속에는 늘 청해의 푸른 앞바다만 꽉 차 있었다. 언젠가 때가 되면 많은 배를 거느리고 바다가 끝나는 곳까지

가 보고 싶은 생각밖에 없었다.

　답답해진 우징이 장보고에게 애원하듯 말했다.

　"대사! 신라는 위기에 처해 있소. 대사가 나서지 않으면 신라는 멸망할 것이오. 나라가 멸망하면 대사가 꿈꾸고 있는 모든 것도 물거품이 된다는 것을 왜 모르시오? 서라벌이 안정되어야 이 곳 청해진도 평안할 것이오. 언제까지나 서라벌의 몰락한 귀족들을 보호해 주려고요? 아마도 왕권이 안정되면 지금의 임금은 대사부터 치려고 할 것이오."

마침내 장보고가 입을 열었다.

　"그러면 어느 분을 임금으로 추대하시는 것이오? 들으니 요사이

신라 임금들은 서로 자리다툼만 하느라고 백성도 돌보지 않는데, 우리 청해진 군사를 쓸데없는 싸움에 나가 죽게 하고 싶지는 않소."

이 때 김양이 나섰다.

"장군의 염려하시는 말씀이 옳소. 그러니까 우징 아찬께서 응당 왕위에 오르셔야 하오."

한참 동안 생각하던 장보고가 말했다.

"우징 아찬께서 임금에 오르신다면 나도 힘을 보태겠소이다. 그렇지만 아찬께서 또 다른 임금처럼 그런 행동을 할 때는 내가 가만있지 않겠소."

장보고는 눈을 부릅떴다.

"내가 임금이 되면 가장 먼저 대사를 청해 국사를 의논하겠소. 그러면 이 곳 청해진은 우리 신라의 가장 중요한 곳이 될 거요."

"좋소이다. 옳은 일을 보고 안 하면 용기가 없다고 옛 사람들이 말하였소. 내 비록 용렬하나 아찬을 위하여 힘을 쓰겠소."

장보고는 한평생을 바다에서, 혹은 군인으로 살아온 사람이라 이렇게 정치에는 서툴렀다. 그는 김우징의 말을 모두 그대로 받아들였던 것이다.

김양이 기뻐서 일어났다.

"그러면 즉시 군사를 움직이도록 말씀하시오. 지금 아찬 우징을 임금으로 추대할 것이오."

장보고와 김양, 그리고 김우징은 흰 닭을 잡아 그 붉은 피로 서로 도울

장보고 기념 우표
장보고의 위대한 업적을 국민들에게 알리고 해양 개척의 중요성을 깨우치기 위해 만들어졌다.

목책 기둥
망루나 다리의 기둥 역할을 했을 것으로 보이는 기둥의 뿌리가 진흙벌 속에서 드러났다.

것을 맹세했다.

장보고는 자기 집으로 돌아와 정년을 보고 말했다.

"여보게 아우! 이제 자네가 출세할 때가 되었네. 우리는 신라의 임금을 위하여 싸우게 되었네. 좋은 기회일세. 자네도 힘을 한번 내 보게. 앞으로 청해진이 이 나라의 중심이 될 게야."

"어떻게 된 것입니까?"

정년은 장보고가 하는 말이 믿어지지 않았다.

"지금 우리 집에 계신 아찬 김우징이 임금이 되는 것일세. 자네와 우리가 힘을 합쳐 신라 왕성으로 쳐들어가는 것이야."

"형님, 그것은 반역입니다. 좀 더 신중히 생각하셔야 합니다."
정년은 무엇인가 꺼림칙했다. 군대와 무역밖에 모르는 장보고가 정치에 뛰어든다는 것이 불안했던 것이다. 그러나 장보고의 마음은 이미 서라벌을 점령하는 것으로 기울어 있었다.
"자네는 당나라에 오래 있다가 와서 잘 모를 게야. 지금의 신라 가지고는 우리가 바라는 해상 제국을 이룰 수가 없어. 서라벌의 왕과 조정 신하들은 나라를 넓히고 백성을 편안하게 해 줄 생각은 않고 모두 제 이익만 챙기기에 여념이 없네. 아무런 희망이 없다는 말일세. 김우징의 말대로 내가 여기서 가만히 있으면 아마도 임금은 나도 치려고 할 게야. 우리가 이 일을 하지 않으면 어차피 신라는 망해."

정년은 한숨을 쉬었다.

"형님이 그렇게 하신다면 응당 저도 따라야겠지요. 그러면 형님, 관군이 얼마인지 먼저 알아야 하지 않겠습니까?"

"내 들으니 관군은 얼마 되지 않는다고 하네. 그 동안 저희들끼리 싸우느라고 다 죽었다네. 여기 있는 청해진 군사만으로도 넉넉하이."

마침내 군사 편성이 시작되었다. 정년이 총대장 격이 되고 그 아래 염장, 장변, 낙금, 장건영, 이순행 등이 각각 군사를 통솔하여 출발하도록 했다. 장보고는 총사령관으로 정년과 같이 지휘하기로 했다. 오랜 피난살이를 청산하고 서라벌로 올라가게 되어 그 동안 고생하던 사람들은 좋아하며 봇짐 싸기에 바빴다.

이렇게 되자 장보고의 딸은 장래의 태자 경응과 눈물겨운 작별을 하게 되었다.

"내가 왕위에 오르면 너를 반드시 왕비로 삼을 것이다. 그 때까지 기다리도록 해라."

"네, 왕자님. 언제까지나 기다리겠습니다."

새로이 신라의 왕이 된 김명은 청해진에서 장보고가 일어났다는 말을 듣고 즉시 군사를 풀어 무진주 철야현에서 맞아 싸우게 했다. 처음으로 관군과 충돌한 장보고의 군대는 정년이 당나라에서 배운

솜씨를 부려 3천 명의 군대로써 관군을 격퇴했다. 그리고 서라벌이 멀지 않은 달구벌에 도착했다.

김명은 청해진의 군사가 달구벌을 지났다는 소식을 듣고 다시 왕성의 군사를 내어 맞싸우게 했다. 싸움은 치열했다. 그러나 신라군이 수많은 전장에서 잔뼈가 굵은 장보고와 정년의 군사를 당할 수는 없었다.

관군은 점점 후퇴했다. 김명은 걱정이 되어 서쪽 교외로 나와 군사들을 격려하고 있었다. 그러나 막상 형세가 불리해지자 벌써 좌우에 있던 신하들이 어느 틈엔가 달아나고 아무도 없었다. 그래서 나중에는 김명 홀로 남았다. 그 동안 하도 여러 차례 임금이 바뀌므로 신하들은 어느 임금을 섬기게 될지 알 수 없어 형세를 보다가 유리한 편으로 달아난 것이다.

드디어 장보고의 군대는 승승장구하여 서라벌 근처까지 도착했다. 멀리 서라벌이 보였다. 오래간만에 서라벌을 보자 여러 사람들은 환성을 질렀다. 그 때 신라 궁중에 있던 신하들이 장보고 쪽으로 뛰어왔다.

"우리들은 새 임금님을 모시러 온 신하들이오. 전왕은 형세 불리한 것을 알고 도망갔나이다."

김우징이 말했다.

"즉시 궁중으로 들어갈 것이니 궁중을 깨끗이 닦아 놓아라."

신하들은 자기들의 목숨이 살아난 것을 기뻐하며 백마를 가지고 마중 나왔다.

김우징은 즉시 궁궐 안으로 들어가 즉위식을 거행하고 전왕 김명을 죽였다. 이 김우징이 바로 신라의 45대 왕인 신무왕이다.

그러나 백성들은 지칠 대로 지쳐 새로 임금이 나와도 조금도 놀라지 않았다.

"아따, 임금이 또 바뀌었다지?"

"이번에는 누가 임금이 되었나?"

"누가 임금이 되거나 우리와는 상관없는 일일세."

"그러나 저러나 청해진의 장 대사가 서라벌 정치에 끼어들었으니 온전할꼬?"

"장 대사가 세운 임금이니까 예전과는 다르겠지."

사람들은 제각기 떠들어 댔다. 하도 임금이 갈리니 일반 사람들은 아무런 관심이 없었던 것이다.

왕의 즉위식이 끝나고, 왕이 신하들의 하례를 받고 있었다. 장보고는 나중에야 겨우 하례를 드리게 되었다. 이번 일에는 응당 장보고가 먼저 하례를 드리고 상을 타야 할 텐데, 제일 공이 많은데도 불구하고 진골 출신이 아니라 하여 나중으로 돌린 것이다.

그러나 장보고는 아무 소리 않고 새 왕에게 인사를 올렸다.

"신 장보고 새 임금께 인사드립니다."

"이번에 짐이 등극하게 된 것은 경의 힘이오. 특히 경을 감의 군사로 봉하고 이천 호를 주노라."

"황공하오."

"그리고 경의 딸은 태자비로서 황금 마차를 보내 모셔 오도록 할 것이오. 그 동안 경은 태자비를 보호하오."

장보고에게 이보다 더 기쁜 말은 없었다. 우직한 장보고는 왕에게 몇 번이나 절을 하고 물러났다. 자신의 딸이 태자비가 된다는 사실은 바다를 호령해 온 해상왕 장보고에게도 커다란 영광이 아닐 수 없었다. 자신이 잘 되는 것보다 눈에 넣어도 아깝지 않은 딸이 왕비가 되는 것이 즐겁지 않을 아버지는 이 세상에 한 사람도 없을 테니까.

장도에서 발견된 빗살무늬 맷돌

중국 법화원에서 발견된 맷돌

신무왕릉 왕위 쟁탈전이 있던 때 청해진 대사 장보고에게 옹립되어 왕위에 올랐다. 경북 경주에 있다.

그러나 그 후 한 달도 못 되어 신무왕은 병들어 누웠다. 작은 종기가 큰 등창으로 변하여 불과 며칠 앓다가 홀연히 세상을 떠난 것이다. 신무왕은 불과 7개월도 왕위에 있지 못하고 죽었다.

"남을 많이 죽였으니 오래 살 수가 있나?"

"응당 죽을 사람이지."

"장보고의 딸이 이제는 왕비가 되겠네. 세상은 좋은 세상이야. 성골이나 진골이 아니라도 왕비가 될 수 있으니……."

사람들은 이러한 이야기를 주고받았다.

자신이 세운 신무왕이 죽어 안타깝기도 했지만 자신의 딸과 정혼한 태자 경응이 새 임금이 된다는 생각을 하니 장보고는 가슴이

뿌듯했다. 장보고는 언제쯤 황금 마차가 올까 하고 기다리고 있었다.

이 때 태자가 새 임금(문성왕)이 되어 장보고에게 교서를 내려 보냈다.

"청해진 대사 장보고는 일찍이 군사를 내어 선왕을 도와 전조의 역적을 없애고 선왕을 모셨소. 짐이 경의 공덕을 어찌 잊을 수 겠소? 특히 경을 진해 장군으로 봉하고 장군의 복장 한 벌을 하사하노라."

일본 적산 서원의 입구

장보고는 교서를 받들고 사신을 극진히 대접했다.

"우리 딸은 언제쯤 데려가시오?"

"나는 교서를 전하라는 명령밖에 받지 못했으니 그런 일은 알 수가 없소."

사신의 대답은 냉정했다.

신라의 골품 제도

태종 무열왕릉

신라 시대에는 지배층의 신분 제도로서 골품제가 존재했는데, 성골은 그 골품 가운데 왕족만이 속한 가장 높은 신분이었다. 그러나 성골은 제28대 진덕여왕을 끝으로 소멸했고 그 뒤에는 진골 신분이 왕위를 계승했다. 진한 12국의 하나인 사로국에서 출발한 신라는 주변 지역을 정복·병합하면서 그 지배층을 수도인 경주에 옮겨 살게 했고, 신분 제도로서 골품제를 마련했다.

성골은 부모 양쪽 모두가 순수한 왕손이었던 것에 반해 진골은 그 가운데 어느 한쪽의 한 대라도 왕손이 아닌 혈통이 섞인 것을 구분한 것으로, 성골의 성은 부모 양쪽의 혈통이 신성하다는 의미에서 취한 것이다. 그러나 최근에는 신라 왕실이 석가모니 부처의 가족을 그대로 본뜬 것이라는 설도 있다. 진평왕은 그 자신의 이름을 석가의 아버지 이름을 그대로 따서 백정이라고 하고, 왕비의 이름도 석가의 어머니 이름을 그대로 따서 마야부인이라고 했다. 진평왕의 아우 백반과 국반 등의 이름도 각각 정반왕의 아우 백반과 곡반 등에서 따온 것이다. 진평왕의 왕실은 인도 카빌라 국의 석가 왕실을 그대로 모방한 것이다. 이렇게 신라 왕실은 자신들을 다른 여러 귀족들과 다른 신성한 골족이라고 하여 성골이라고 했던 것이다.

신라의 관등 제도

포석정

신라의 관등 제도는 골품 제도와 밀접한 관계를 가지고 있다. 관등 제도는 법흥왕(6세기 초) 때에 완성되었는데 경위 17등과 외위 11등의 이원적 체계로 구성되었다. 진골은 최고 상한선인 이벌찬까지 승진할 수 있으나, 6두품은 6위인 아찬까지, 5두품은 10위인 대나마까지, 4두품은 12위인 대사까지 승진의 한계가 제한되어 있었다. 그러나 하한선은 정해져 있지 않았기 때문에 진골 출신도 다른 두품과 같이 17위(조위)에서 출발했다.

이와 같이 구분된 골품 제도는 신분에 따라 유능한 인재라도 출세에 제한을 받았고, 의·식·주의 일상 생활도 차별을 두었다. 따라서 혼인도 같은 골품끼리 하는 것이 관례였다. 만약 다른 골품과 결혼하면 그 소생은 어머니의 골품으로 전락하였다. 그래서 골품을 유지하기 위해 근친 결혼이 유행되었다.

이와 같은 골품 제도의 모순에 불만을 가진 계층은 특히 6두품과 도당 유학생들이었다. 이들은 반골품적 입장을 취하면서 지방 호족들과 결부해 반사회적 집단이 되었다. 외위는 촌주를 포함한 지방의 유력자를 중앙에 포섭 편입시키면서 수도 서라벌 귀족과 구별하기 위해 만들어진 것이다. 그러나 7세기 중엽에 와서는 유력한 지방 호족에게 관등을 개방함에 따라 외위는 자연히 소멸되었다.

해상왕 죽다

경주 안압지 ▶
신라 때의 연못으로 《삼국사기》 문무 왕조 편에 궁성 안에 못을 파고 산을 만들어 화초를 기르고 진금이수를 양육하였다고 기록되어 있었는데, 안압지는 바로 그 때 판 연못이다.

또다시 몇 해가 지났다. 장보고는 날이 갈수록 초조해졌다. 딸의 나이도 스물이 넘었다. 아주 단념하고 다른 데로 시집 보내려고 했으나 딸은 한사코 다른 곳으로는 안 간다고 했다. 일이 제대로만 된다면 장보고에게도 여간 영광스러운 일이 아니었다. 그러나 왕은 장보고의 딸이 진골이 아니어서 궁중에 데려올 수가 없었다.

왕은 다시 대신들에게 장보고의 딸 문제를 의논했다. 정원에서 여러 신하들이 모여 토의했다. 먼저 상대등 예징이 말했다.

"전하의 말씀대로 장보고의 딸을 왕비로 모셨으면 좋겠으나 아직도 우리나라에는 진골의 피가 아니면 감히 궁성 안에 들어오지 못하오. 어찌 일개 무명의 섬사람의 딸을 왕비로 모실 수가

있겠소?"

다음은 시중 양순이 입을 열었다.

"상대등의 말씀이 옳은 말씀이오. 그러나 사람은 신의를 지켜야 하는 것이오. 선왕이 장보고의 집에서 머물 때도 그런 말씀을 하신 것 같고, 또 지금의 왕께서도 이미 청해진에 계실 때 굳게 약속하시었소. 뼈 때문에 신의를 지키지 않는 것은 못쓰오. 곧 왕비로 모셔야 하오."

대아찬 김여가 이 말에 반대했다.

"상대등의 말씀이 옳소이다. 신의는 그쪽과 이쪽이 대등할 때 지키는 것이지요. 장보고의 딸을 궁성에 들이는 것은 안 됩니다."

아찬 계홍도 김여 편을 들어 반대했다.

논의한 결과 찬성하는 사람은 시중 양순 한 사람뿐이었다.

왕은 그래도 데려오려고 했으나 조정의 반대가 심해 어찌할 수 없었다. 대신들의 의견을 너무 무시하면 자기의 자리를 노리는 자가 생길지도 몰라 그들의 말을 그대로 들었다.

얼마 후 신하들의 힘은 강하고 임금의 힘이 약해 결국 시중 양순은 자리에서 물러나게 되고 대아찬 김여가 시중이 되었다. 이런 지경이니 왕은 장보고의 딸 이야기를 다시 해 보지도 못하게 되었다. 이런 소문이 장보고의 귀에 들어가자 그는 노했다.

"서라벌에 있는 귀족 놈들은 전부 멀쩡한 거짓말쟁이로구나. 공연히 내 딸의 신세만 망쳐 놓았다. 이놈들, 두고 보자. 공연히 내가 그놈들에게 이용당하고 말았구나."

장보고는 서울로 쳐들어갈 군사를 훈련시키고 있었다. 이 때 서울에서 전 시중 양순의 사신이 나타났다. 그의 손에는 양순이 보내는 편지가 있었다.

장보고는 사람을 시켜 양순의 글을 읽으라 했다.

"지금 신라 조정에는 장군의 딸이 궁중에 들어오는 것을 반대하는 무리들이 많소. 장군이 궁중과 연결만 지으면 모두 쫓겨나게 될까 봐 그러는 것이오. 내 홀로 장군의 딸을 왕비로 모시고자

강력히 주장하다가 쫓겨났소. 그들은 장군의 딸이 섬사람의 딸이라고 모욕하였소. 그러나 임금의 마음은 변하지 않았소. 지금 기습 처리하는 것이 좋을 듯하오."

"뭐, 섬사람?"

자신의 딸을 가리켜 섬사람의 딸이라고 하였으니, 장보고의 분노는 끓어올랐다.

왕은 장보고가 반란할 기세를 보인다고 하자 크게 걱정이 되어 여러 신하들과 의논을 했다. 그러나 감히 장보고를 당할 만한 사람이 없었다. 지금이라도 장보고가 쳐들어오면 꼼짝 못 하고 항복할 판이었다.

그뿐만 아니라 청해진에서 군사를 움직인다면 왕으로서는 서라벌을 벗어나 싸우지 않으면 안 될 형편이었다. 왕위에 오른 지 얼마 되지 않아 왕성을 비운다면 또다시 신하들은 다른 왕을 세우기 위해 서로 싸울 판이었다. 왕은 전전긍긍했다.

이 때 전에 장보고의 부하로 있었으며 신무왕을 세우는 데 공이 있는 무진주 사람 염장이 나서며 말했다. 그는 장보고가 아끼는 장군이었다.

"조정에서 허락만 한다면 신은 군사 한 사람도 필요 없이 혼자 가서 장보고의 머리를 베어 오겠습니다."

문성왕에게 이보다 더 좋은 말은 없었다. 너무 얘기가 쉬운 것 같아 반신반의하였으나 그대로 해 보라고 했다.

그리고 며칠 뒤 초라한 행색을 한 염장이 장보고를 찾아왔다.

"오래간만이군! 그래 신라 조정 벼슬살이 재미가 어떤가?"

"벼슬이 무슨 벼슬입니까? 나도 쫓겨나 거지가 되어 돌아다니는 중입니다."

염장은 힘없이 주저앉으며 한숨을 쉬었다.

"왜 쫓겨났나? 시원하게 말이나 좀 하게."

"말씀 마십시오. 서라벌 놈들은 자기네끼리만 벼슬이고 무엇이

고 해 먹지, 우리 같은 시골 사람은 상대도 아니합니다."
"그놈들 귀족이니 진골이니 하는 작자들은 저희들만 사람인 줄 알지."
"그렇구말구요. 참, 장군님의 따님은 공연히 나이만 먹어 가지요?"
"그래, 조정에서는 뭐라 하던가?"
"기막힐 노릇이지요. 장군님의 신분이 얕다고 떠들고 일어나서 임금도 꼼짝 못 합니다."
"고약한 놈들!"

"참으로 고약한 것들이죠."

염장이 맞장구를 쳤다. 조정에 대한 불평으로 장보고는 울분을 금할 수 없었다.

"장군님! 울분을 푸시지요."

"어떻게?"

"빨리 서라벌로 쳐들어가시라는 말씀입니다."

"좋지! 자네도 한몫 들게."

장보고는 옛 부하 염장과 술을 마셨다.

염장은 자기는 조금만 마시고 장보고에게만 술을 권했다. 마침내 장보고는 술에 취해 그대로 쓰러져 버렸다. 그 때 염장은 숨겨 온 칼로 장보고의 가슴을 찔렀다. 장보고는 두 눈을 부릅떴다.

"네놈이, 네놈이 나를……"

장보고는 자신보다 더 아꼈던 부하 염장에 의해 이렇게 허무하게 숨을 거두고 말았다. 장보고가 죽자 신라의 귀족들은 장보고의 청해진을 산산이 부숴 버렸다. 장보고의 부하들이 서라벌로 쳐들어올까 봐 두려워서였다. 나라보다 자신들의 이익에만 급급했던 신라 귀족들로 하여 그 이후 우리나라의 해상권은 완전히 중국으로, 혹은 일본으로 넘어가고 말았다. 그리고 나중에는 중국과 일본에 나라를 빼앗기는 시대를 맞게 된다.

청해진 공원 신라의 영웅 장보고의 흉상이 세워져 있다. 뒤에 보이는 섬이 장도, 청해진이다.

만약 장보고가 그의 꿈을 펼칠 수 있었다면 어떻게 되었을까? 아마 고려를 정벌한 몽골 시대도, 조선을 합병한 일본 시대도 없지 않았을까? 장보고의 죽음은 개인적인 장보고만의 죽음이 아니라, 우리 민족 전체의 죽음이었다고 한다면 잘못된 말일까? 그 이후 우리나라는 바다에서의 해상권을 완전히 잃고, 통일 신라가 그랬듯이 한반도에만 국한된 국토에서 남북 분단이라는 비극까지 맞게 되고 말았다.

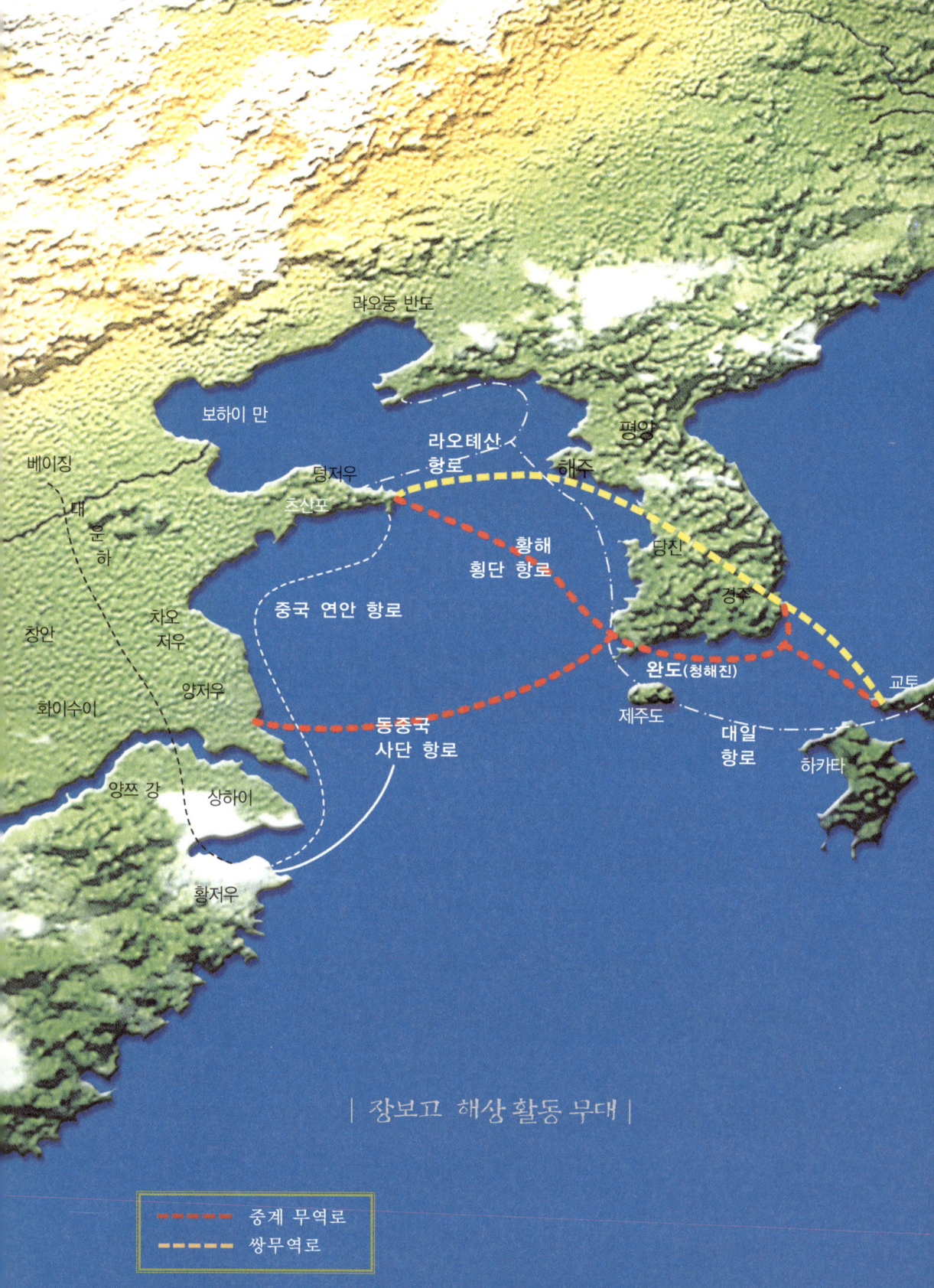

| 장보고 해상 활동 무대 |

장보고 연표

790년경 장보고의 고향은 청해진이 설치되었던 오늘날의 '완도'라고 보여진다. 왜냐하면 첫째로 그가 해상 왕국의 근거지를 청해진에 설치한 점이다. 이는 완도가 그의 고향이었거나, 연고지였기 때문에 그 곳에 근거지를 두었던 것이라 생각되기 때문이다. 둘째로 정년이 뒷날 당나라에서 실직해서 굶주림과 추위에 허덕이고 있다가 고향에 돌아갈 결심을 하면서 "추위와 굶주림으로 죽는 것보다 싸워 죽는 편이 나은데, 하물며 그것도 고향에서 죽으니 바랄 것이 없노라"고 하면서 청해진으로 돌아오고 있다. 또한 김부식의 《삼국사기》에 '바닷사람'이라고 기록된 점이 이를 뒷받침하고 있다.

810년경 친구 정년과 함께 당나라로 건너가 지금의 중국 장쑤 성 서주 지방의 절도사 휘하의 주력 부대인 무령군에 입대해서 영특한 성품과 뛰어난 무예로 이름을 떨쳤다.

| 819년 | 이민족으로서는 예외적으로 30세 초반의 나이에 군사 5천 명을 거느릴 수 있는 오늘날의 연대장 계급에 해당하는 '무령군 군중소장' 직까지 올라 당나라에 거주하던 신라인과 고구려, 백제 유민들을 규합해서 무역에 종사했으며 지금의 중국 산둥 성 룽청(榮城) 시 석도진에 위치한 적산포에 '법화원'을 건립해서 유민들과 유학승들의 안식처를 제공하는 등 당나라에서 자치적인 집단을 이루고 있던 신라방, 신라촌의 총수로 성장했다. |

| 828년 | 신라에서 잡혀간 노비의 비참한 처우에 분개해서 사직하고 귀국했다. 해적들의 인신 매매를 근절시키기 위해 왕의 허락을 얻어 1만의 군사로 해로의 요충지 청해(완도)에 진을 설치하고 가리포에 성책을 쌓아 항만 시설을 보수, 전략적 거점을 마련했다. 그리고 청해진 대사가 되자 휘하 수병을 훈련시켜 해적을 완전 소탕했다. |

| 837년 | 신라 왕위 계승 다툼에서 밀려난 우징이 청해진에 오자, 이듬해 우징과 함께 반란을 일으켰다. |

| 839년 | 민애왕을 죽이고 우징을 왕위에 오르게 해서 감의 군사가 되었다. 신무왕이 죽고 문성왕이 즉위하자 진해 장군이 되었다. |

| 840년 | 일본에 무역 사절을, 당나라에 견당 매물사를 보내 삼각 무역을 했다. 이때가 우리나라 역사상 가장 활발한 해상 활동을 벌인 시기였다. 이 때 그의 이름은 동아시아뿐만 아니라 서남아시아까지 알려졌다. |

| 845년 | 장보고의 청해진 군대는 이미 신라 왕실의 정예병마저도 제압당할 정도로 컸다. 신라의 왕들은 이런 군사력과 한·중·일 삼국의 해상로를 움켜쥔 장보고의 힘이라면 귀족들에게 위축된 신라 왕실을 보호해 줄 수 있을 것이라고 생각했다. 그래서 그의 딸을 왕비로 삼으려 했으나 귀족들의 반대로 좌절되었다. 그의 영향력이 커지는 것을 신라의 귀족들은 항상 불안하게 여겼기 때문이다. 장보고는 중앙 정권에 진출할 생각은 |

추호도 없었다. 어차피 골품제 때문에 큰 벼슬도 얻을 수 없을뿐더러, 얻는다고 해도 진골 귀족들의 반발과 시기로 인해 또다시 피비린내 나는 싸움을 해야 했기 때문이다. 하지만 그의 운명은 이미 신무왕(우징)과 함께 정변에 참여했던 것부터 이미 정해진 수순이었고, 뛰어난 용맹과 상술을 지닌 장보고 역시 그 운명을 피하지 못했다.

846년 신라 문성왕 8년, 그의 세력에 불안을 느낀 조정에서 보낸 자객 염장에게 살해되었다. 부패한 신라 조정은 끝내 위대한 영웅, 해상왕 장보고를 죽이고 말았다. 장보고의 비참한 죽음과 함께 신라 또한 비극적 종말을 맞이하고 있었다.

신라 적성비
신라 진흥왕 때, 신라가 고구려의 영토인 이 곳을 점령한 후, 민심의 안정을 도모하기 위해 세워 놓은 것으로 1978년에 일부분이 땅 속에 묻힌 채로 발견되었다. 신라가 북방 공략의 전략적 요충지인 적성 지역에 이 비를 세웠다는 것은 새로 편입된 영토의 확인과 동시에 복속된 고구려인을 흡수하려는 신라의 의지를 표현한 것으로 보인다. 순수비의 정신을 담고 있는 척경비(영토 편입을 기념하는 비)라는 점에서 큰 가치를 지니고 있으며, 충북 단양군에 있다.